中华传统武术健身功法集

# 太极拳十三字诀
# 易筋六合功

张修林 张栩 著

人民体育出版社

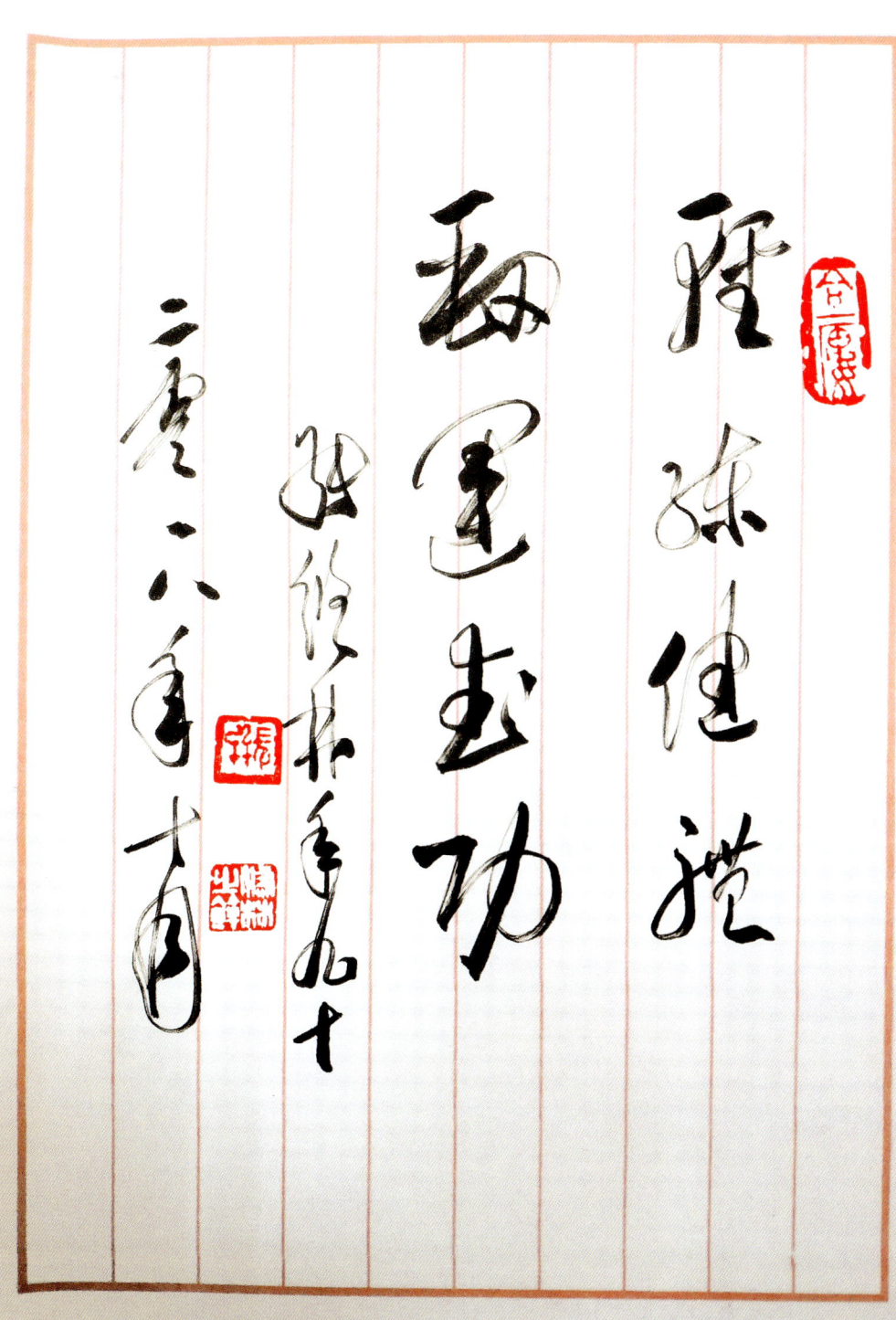

# 作者简历

张修林，1929年生，字竹贤，号合一楼主人，安徽合肥人。从事科研设计工作四十余年，高级工程师，曾任九江工业建筑设计院副总工程师。中国武术八段。生于武术世家，八岁随父亲慎文公启蒙学武，家学极严。平生酷爱武艺、书、画、篆刻和古典文学。

1946年，在安徽芜湖拜武术家沙国政先生为师。学形意拳、八卦掌、太极拳和通背拳诸艺，并得师祖姜容樵先生之亲传。1947—1949年任中央国术馆芜湖分馆武术助教。

1950年，在芜湖拜河南新蔡胡季武（字阳春，中医）先生为师，学陈氏古艺太极拳（功架）等。1952年春，到武汉工作，师从祁殿臣先生，深造形意拳、剑术和孙式太极拳等。

1972年初，在北京得韩兰宇先生传以五子连环太极拳（简称五路子）；同年，更得北京八卦掌名家李子鸣先生传以梁振甫式八卦掌、八卦直趟六十四掌和八卦掌系列多种奇门兵械。

半个多世纪以来，活跃于国内、外之武术园地，讲学传艺，培养了许多武术干才。多次担任省、全国、国际性武术运动会的裁判工作。曾任九江市武术协会主席、沙国政武术馆副馆长、江西省武术协会委员、江西省太极拳协会副主席、中国武当山武当拳法研究会顾问；现任香港曼硕太极拳研艺社永远名誉社长及顾问、香港励进武术会名誉会长、香港气功太极社名誉顾问、香港张修林武学研究会会长、总监兼总教练，张修林武学研究会创会人、永久荣誉会长、顾问兼总教练。

六十余年来，对武术酷爱执着，锐意研求实践，精益求精。对于武德修养、武术理论、武术操练、实践程度和武艺功夫等，都具一定水准。对形意拳、八卦掌、太极拳、通背拳等诸拳械有着精深的掌握；在传承笃行武学的同时，致力于武术理论、武术力学、武术健身学等之研究。发表过多篇武术论文，并从事于传统武术拳械的整理、编撰等工作。创作有"八卦奇门转剑""形意七十二式连拳""太极拳满天星"（现为九江市非物质文化遗产）。

张氏武学著作甚丰，为师长整理出版著作有《太极拳对练》《中华武术精粹（形意拳散手炮）》《梁振甫式八卦掌》以及《八卦掌汇宗》初稿人。自撰出版有《沙式八卦连环掌》（108掌）、《健身太极十三字诀》《沙国政形意拳精品集》。完成传统拳械手稿有《纯阳剑》《八仙剑》《八卦连环剑》《燕青十二棍》《七星八卦连环棍》（108棍）、《八卦左手抹刀》《八卦转枪八式》《罗成枪》《童子功》以及自创有《神门十三剑》《八卦奇门转剑》《太极拳满天星》（108式）、《太极连环长拳谱》（108式）。

个人简历被收入有关武术《名典》《传记》中。

张栩，女，安徽合肥人，张修林之女。1961年出生于武术世家，1983年毕业于师院武术专业。工作于南昌铁路第一中学，从事体育教育工作，高级教师职称。中国武术六段，国家一级武术裁判员。现为江西省民间武术研究会副会长、中国武术家书画协会江西分会副会长、国际武道联合会副主席。

七岁随父亲学练陈式古艺太极拳、太师鞭。曾多次跟随师爷沙国政先生深造通臂拳、形意拳、八卦掌及其奇门兵器等。

1976—1986年期间，曾多次代表九江市、江西省、火车头体协参加全省、全国等各类武术比赛，并获得金、银、铜牌和优秀奖数十枚。参与师祖沙国政所著《形意拳散手炮》一书的人物运动线路图及《江西省大专院校武术教材选编》的全部绘图。

1983年，在九江师专体育系教授武术课。同年被选入"中国火车头队"武术队，翌年参加全国武术观摩交流大会、全国第二届职工运动会均获奖。1985年，在南昌多次公开教授武术。2009年，被中国青年教师协会和中国素质教育报告编委会评为"中国素质教育先进工作者"，另获"中华武术精英奖"。

在工作练武之余，整理传统武术文字材料，发表武术论文。并协助父亲张修林撰写传统武术著作。

个人简介被多家武术《名典》《传记》收入。

# 序

"中华传统武术健身功法集"内载"易筋六合功"和"太极拳十三字诀"两套健身功法,是我青少年时期所学练的传统基础功夫。前者"易筋六合功",是由时任(1946年)中央国术馆编审处处长姜容樵先生(我的师爷)来芜湖主持"中央国术馆芜湖分馆成立大会"时期,亲传我和另一位师兄的,除了传我们"易筋六合功"外还传有"童子功"和剑、鞭艺等,至今时轮已逝去七十余年矣!

"太极拳十三字诀"是1961年在武汉中南工业建筑设计院时,从同事之父河南刘老先生所学,也具积极健身的效果。这里所以称太极拳十三字诀者,并非是太极拳"八门五步"的十三字诀,而是"蹲、托、卷、推、拔、拧、伸、抱、按、撩、插、举、探"字诀的组合运功法;且是原地练功,在练到功力纯正高阶时,便能做到劲势盎然、节节贯串、绵绵不断,达到太极拳的高度,健身效果更是非同寻常。

"易筋六合功"和"太极拳十三字诀"合练,正是一刚一柔,阴阳合德,调和气脉,通经活络,功效显著。

人体有个神奇微妙的系统，即经络系统，它和人体内其他的神经系统、心血管系统、循环系统、消化系统、淋巴系统、泌尿系统、肌肉系统、骨骼系统等，对人体构成一个完美而有奇特效应的生存系统，一个神妙的人体生物系统。

我们练功所涉及的经络系统，是祖国中医学基本理论的重要组成部分，即《经络学说》。中医认为经络不通则痛，不通则病。《灵枢·经络篇》中指出："经络者，所以决生死，除百病，调虚实，不可不通。"这里指出的关键一个"通"字，所以人体经络气脉通畅，至为重要。法国学者对于"经络系统"称之为"人体的生命线"。可想经络系统对人健康的重要性了。太极拳十三字诀和易筋六合功，正是打通和调节经络系统的良好方法和手段。

上述两项功法，自20世纪90年代始，我曾在多地讲学传授，如不仅有"北京首届国际八卦掌联谊会"，江西南昌、九江，安徽合肥、芜湖，北京、上海、云南昆明、广东深圳，香港等地的武术爱好者，还有来自美国洛杉矶、新加坡、巴西、日本等国外的武术爱好者，学练者众多，学者相互交流，特别是许多体弱者，收效更显。

我习武练功八十余年，一辈子受益而享受着练武强身修身、精力旺盛的乐趣。更体会到中华传统国术基础功夫，有个最大的特点："有序的活动和刺激经络系统之穴脉，对健身和武功十分有益。"我现已九旬，犹自在武林集会上作拳、剑、对练等表演，刚柔劲捷，灵动依然，深感练武强健身体的效果。想来我在工程界搞科研工作四十余年，求知欲强，生活过得很有质量。现时我生活自在，忙忙碌碌，除练武外还兼及书、画、篆刻、国学，整理所学，笔耕不辍，深感时间之不足用也。曾自刻两枚闲章，"练武不知耄已至""人生难得老来忙"，很为贴切。

本集在编撰过程中，有我的弟子传人杨曼硕、刘安东、梁江敏、熊启春、吕琳、朱晓霞、叶晓敏、乐凡、张鹤、程菲、王奕锋等诸位大力协助，他们都是多年来练此功法的实践者、受益者和传播者，在此一并致谢。

现"中华传统武术健身功法集"内载"太极拳十三字诀""易筋六合功"两项功法出版，它们是经我多年在国内、国外传授交流的内容，练者甚众。而又实践证明健身效果特佳者，简易速效的传统健身功法。是多数练者迫切需求付梓的，两套功法的演示图片是我90岁时的练功照片，继后将陆续增加我青年时所学的极为简约浓缩而又速效的其他健身功法。如"童子功""五子连环功""形意拳五行功""八卦掌练步功"等，让学者各取所需，各得其长，各得其用，各得其益。使中华传统国术为世人所用，以应"中华武术，源远流长，贡献人类，造福万方！"之愿望。因以序。

张修林序于庐山北麓之茂林修竹别墅

2018年10月

# 前 言

"太极拳十三字诀"和"易经六合功"是中华传统武术中的基础功夫，我练它们数十年，简约速效，受益颇多。数十年来义务传授过多人，都获良好的效果。我自体会，传统武术中有个最重要的特点："轻练便是健身，劲练就是武功。"由于它们有着如此的特点，我便把它们整理介绍出来，以供全民健身者之取用。

中华传统武术，在我国近代叫"国术"，古代更有许多称谓。武术在远古时代是狩猎和自卫的手段。在冷兵器时代，武术就是技击术、格斗术、战斗的本领、保家卫国的手段。更重要的是，它能锻炼增进人们的毅力、人格的修养，培养人们的意志、民族精神、英武气质，即所谓"尚武精神"。

老祖宗传下来的中华武术，有外练与内练、简要与繁复之不同，即内炼精、气、神，外练筋、骨、皮，不以练肌肉健美为其主要目的。传统武学的内含是很精深的，许多拳种如太极拳、八卦掌、形意拳等，其理论基础源自《易经》八卦学说、《黄帝内经》和《孙子兵法》等各类仿生、仿意的内容，并且是多边学科的文化。它们涉及的学科范围很广，有哲学、自然科学、社会学、兵学、医学、养生学、文学、美学、物理学、人体结构学、人体结构力学、武术力学、技击学等。武术是要实践的，要理论与实践相结合，做到"知行合一"。不去练，不操作，不下功夫，不花时间，不懂其理，不得其传，是得不到的。

人们为何要锻炼养生呢？这是一项很现实的问题。最重要的是健康的身体，没有一个好的身体什么都是空的。人们更重视的是"健康长寿"。所谓健康长寿是有定义的，没有"健康"的"长寿"是很糟糕的！人们随着年龄的增长，体质就要下降，各脏腑功能都将有退行性的变化，这就是衰老的表现。病变与衰老不同，病变是一种或两种以上脏腑出现病变问题，而衰老则是人体功能全面退行性的变化，功能全面下降了。人们要延缓衰老，主要在于防病，中医讲究治"未病"。"老"从脚下起，只要觉得腿部力量减弱，睡觉时小腿有发凉的感觉，便提示你气血欠通，血行不畅，微循环差，体能下降了。

生命在于运动，要运动什么呢？多种多样的。如走路、跑步、游泳、体操、球类、按摩、气功、拳击、武术等；有现代的、传统的、引进的、固有的。不管做哪样运动，都要有针对性、适应性，都要有效益，绝对不能把原来不痛的肢体练痛、练坏了。这就说明操作方法有问题，违背了人体正常结构和功能。任何一种事例，既能做好，也能做坏。请注意："人们做体力劳动"不能替代体育锻炼，更不能代替体能动益的。

选择理想的、适合于自己的运动非常重要。再好的外来被动按摩，也不能替代自我运动、调动和发动自我潜能。要缓解人类机体各组织的自然衰老，使之返老还童的问题，世人研究多矣！抗衰老最要者是使自己血气通畅。气血通畅至关重要，所谓"不通则痛，则滞，则病"。上述的气机都活动在经络中，总称为经气。因为这些气都是人体机能活动之气，故总称为人体正气，即人体生活之气之能。我们活动它，就是使它们活跃和通畅。

中华传统武术之所以能够养生、强身、健体，关健在于它的活动，对人体经络系统的激发、调整、调济，还有肌腱筋骨等之激励和动促按摩而达到锻练效果。人体经络系统是一个复杂的系统，它遍布全身，就像自然界的江河流水系统，江河有宽阔直行的和弯曲的干道、旁出的支流、蓄水的湖泊、细流的沟渠和被灌溉的田地。经络系统亦具有通行气血的十二经脉、旁流别行的十二经别、溢蓄诸经脉气的奇经八脉、网罗周布全身的脉络和孙络。人体五脏六腑均由十二正经相连络的奇妙通道，它们间传递讯息和能量。在人体内起到协调五脏六腑之间的功能，沟通人体适应自然界的作用。

"太极拳十三字诀功法"和"易筋六合功"之所以对人能起到健身作用，主要在于它对人体经络系统作有序的按摩激发，使内气鼓荡，激通经脉穴位，改善微循环，起到健身长寿的作用。其实，上述两项功法，在实践中作用很多，不能一一尽述，唯有亲身去练，去实作，才得真知和获益。

武学是我终身所笃志的爱好！抗日战争逃难期间，抱着国破家亡的仇恨，家传习武，非常用功，算来已八十余年矣。我很幸运，在青少年、壮年、中年诸时期相继得到了几位武术前辈和大师们的教诲与传授，使我获益终身，我在工业科研设计单位工作四十余年，一辈子精力旺盛，享受着练武强身的快慰和幸福。现年九旬，不仅体能尚佳，生活自理，还练武不辍，笔耕不止，诲人不倦，益人不已，是我最感欣慰的。也希望中华传统国术相关健身功法能够贡献于全民健身运动。

2018年10月30日　张修林于庐山北麓
天花井国家森林公园之茂林修竹别墅

# 目 录

## 第一章　太极拳十三字诀 …………………………（ 1 ）

  第一节　太极拳十三字诀功法源流概述 ……………（ 2 ）
  第二节　太极拳十三字诀功法特点 ……………………（ 4 ）
  第三节　太极拳十三字诀行功要领 ……………………（ 5 ）
  第四节　太极拳十三字诀行功歌诀 ……………………（ 7 ）
  第五节　太极拳十三字诀动作说明 ……………………（ 8 ）

## 第二章　易筋六合功 …………………………………（31）

  第一节　易筋六合功功法源流概述 ……………………（32）
  第二节　易筋六合功功法特点 …………………………（33）
  第三节　易筋六合功行功要领 …………………………（35）
  第四节　易筋六合功行功歌诀 …………………………（36）
  第五节　易筋六合功动作说明 …………………………（37）

## 编后语 …………………………………………………（47）

## 附录一　太极拳十三字诀图 …………………………（48）

## 附录二　易筋六合功图 ………………………………（49）

# 第一章

# 太极拳十三字诀

## 第一节 太极拳十三字诀功法源流概述

20世纪60年代初，我在武汉武昌何家垄中南工业建筑设计院工作，每天晨练形意拳、八卦掌、太极拳械等。同事之父刘老先生，每天也练太极拳，同时还练一套简单的原地功法，称为太极拳十三字诀功法，即蹲、托、卷、推、拨、拧、伸、抱、按、撩、插、举、探诀法。刘老当时六十多岁，河南人，家住农村，是一位敦厚而纯朴的老人。自云："当年体弱，学此功健身；得自河南家乡的一位太极拳老师，已练有三十余年，很有健身效果。"当时，我30岁初度，太极拳已练了15年，功夫微有基础，对太极十三字诀功法，冠名以"太极拳十三字"者，很不理解。因为称太极拳十三字者，必有"八门五步"之内容，然此诀似未见有太极拳动态之象。出于好奇和对老人的尊敬，虚心请教，学会了这套功法，颇觉简便易学，健身速效，便交流与家人和武汉同门好友等。

关于"太极拳十三字诀"和"太极拳十三势"二者之关系，作如下之介绍。王宗岳论及太极拳释名："太极拳，亦名'长拳'，又名'十三势'。十三势者：'掤、捋、挤、按、採、挒、肘、靠、进、退、顾、盼、定也。'"按十三势即"八门五步"。八门是八卦的乾、坎、艮、震、巽、离、坤、兑的八个卦位，即四正（东、西、南、北），四隅（东南、东北、西南、西北）八方；在象为天、地、风、雷、火、水、山、泽八域。在太极拳为：掤、捋、挤、按、採、挒、肘、靠的八纲技法。五步是：金、木、水、火、土五行，是太极拳动态方向，即前进、后退、左顾、右盼、中定（向位是南、北、东、西、中）。五行在太极拳技术中另有动作的属性，有相生、相克、连环、制化、刚柔等变化的应用。八门、五步两者合称为"太极拳十三势"；实际上太极拳技艺、劲用、功诀，何止上述太极拳的掤、捋、挤、按、采、挒、肘、靠八纲之内容；更有：缠、抖、托、截、搬、拦、崩、弹、刁、拿、锁、扣、劈、砸、斩、攒、冲、撞、按、扭、拧、挫、格、勒、带、拉、扯、拽、旋、转、撩、探、推、擂、顶、引、进、落、空、粘、连、黏、随、闪、展、腾、挪、穿、伸、踢、打、摔、绊等，不一而足。诚如我师祁殿臣先生所传中国跤术中有谓"大绊子八个，小绊子如牛毛"之说。太极拳何尝不是如此。上述技法，有单手直接使用，有双手配合使用，有手足联合使用；有单一字诀法使用的，有二字或三个字诀法或多字诀法组合使用的，千变万化，技法无限。实际上人们把传统太极拳（陈式头套太极拳）分为十三段，称太极十三势（传统套路格式）拳。此种"格式"甚至影响到由它派生出来的传统各式太极拳。可见十三势是个总纲，其内容十分广阔，而太极拳十三字诀则是单一字诀功法。

太极拳十三字诀的技法，是取自上述太极拳内容，由简明健身作用的字诀组成的，至于其本身的武技作用，那是武功问题，有待另述。

太极拳十三字诀（功）法，学练比较单纯，易学，易掌握，便利，但它并不简单；从初阶到高层次，和太极拳技用相似，都要准确、到位、规范，功夫要作用良好，是要用心力的。十三字诀法之所以对人体能起到健身作用，主要在于它活动肢体，打通人体经络系统，起到导引按摩激发气血流通，增进微循环，调动人体潜能。我们运动它，旨在得到保健作用，协调人体脏腑之间的功能，沟通人体对自然界的适应能力，对于健身，极易取到立竿见影的效果，为全民健身做贡献。

## 第二节　太极拳十三字诀功法特点

### 一、动作简约，随处可练

此功法动作简约，易学易记，不拘场所。雨天室内窗下，只要空气清新，有一块小地方，均可练功，所谓"拳打卧牛之地"。当然，在公园绿地、晨光树荫下等清静场所，则更为理想。

### 二、激发经络，按摩内脏

练十三字诀功时，是通过发动自身体内的经络系统，对身体起到按摩和刺激作用，如手三阳、三阴经脉和足三阳、三阴经脉，以及任脉、督脉（奇经八脉）等，而起到虚补实泻、调和的作用。刺激发动和调动五脏六腑的功能，主导作用于机体。在运动中，其刺激感觉有酸、热、麻、痒、胀等的感觉。

### 三、重在内景，强益机体

十三字诀行功时，配合呼吸（作腹式呼吸，即丹田呼吸法；初学者亦可采用自然呼吸法），所谓"气宜鼓荡"，改变腹腔内压，促使血流微循环。由于手、足运动的屈、伸、扭、转、圆、曲，使手、足经脉起到一紧一弛动作；即外肢受激，内脏动调。各项动作在外表上看起来极为简单，但其内在机体便会达到应有的强益作用，此是行功关键之所在。

### 四、循环运动，次数不限

十三字诀从蹲到探十三个字诀，即从起头到收式为止，十三个动作，称一个循环。由于一个循环的运动量较小，经络发动和气血运转量不够，可以继续从蹲开始到探，需做多次循环。如此（循环）3次，5次，8次，乃至10次以上等，按需而做，直至气血通畅，体内发热，微汗渗渗，一天可做早、晚各一组或多组次循环，功效自然有得。

### 五、严谨准确，安舒自然

十三字诀，练时一定要严谨准确，形体舒畅完美；要做得准，每字诀动作都要做到位；先后有别，特别要注意掌心的所向方位。手掌方向对行功有一定的激发影响。练时心静安舒，轻松自然，心情愉快。动作时全身要放松，特别是手臂要放松，不可僵硬和伸直。

### 六、动作缓慢，感觉明显

整个动作从始到收都要缓慢进行，不可快动。只有在放松而缓慢的运作中，才会有明显的感觉，即在慢动中感觉到气脉发动和滋味。诀曰："酸热麻痒胀，经脉气腾然。"所谓感觉，是指手掌心和手指，有一些上述的酸、热、麻、痒、胀的感觉，方是准确而到位。

## 第三节　太极拳十三字诀行功要领

### 一、平行站立，自然舒畅

两脚平行站立，两脚相距与肩同宽，两腿不可弯曲，亦不可挺劲过直，唯以放松自然为要。

## 二、脊柱中正，支撑八面

练功时，人体要保持相对最佳的体位。脊柱中正，是指人体脊柱的相对正直。要求上体要虚领正直，即下颌微向后收，使颈椎相对竖直，但头顶不可用力上顶。中部脊柱要含胸拔背，不可挺胸，亦不可驼背，形在中正为要。下段脊柱要臀部内收，尾闾中正；要做到此，须令（上）百会穴、（中）丹田、（下）会阴穴三穴（点）在一条垂直线上。如此，方可做到脊柱中正，体位骨架四平八稳。

## 三、呼吸自然，配合动作

十三字诀在运作中，上下起落，屈伸开合，其动作都要与呼吸相配合协调。所谓呼吸是用腹式（丹田）呼吸，不可用肺上叶作挺胸的呼吸；否则会使行功带来许多弊端。如果初练，暂时呼吸配合不习惯，则不必强求，久练自然协调。

## 四、手型手法，严格规律

手型以掌为主，掌形作自然伸张，不可用力，掌心微凹，拇指外展（虎口要圆），余指自然舒展，掌指不要上翘，手指亦不可并拢，亦不可过度内凹。在运动过程中，手掌不可故意用力舒张，要放松轻舒。严格规律，就是动作一定要做到位，做得准确。手法是指在十三字诀运动过程中的手掌变向，即掌心所对方向要严格，注意在操作时，首先是变更掌心的朝向，然后才做动作，这是十分重要的。

## 五、感觉肢体，发动经络

十三字诀功法运作时，手、足的三阴、三阳经脉，都有一定的感觉；这些感觉，都是发动机体经脉的明显效应。如果没有感觉和反应，则健身效果欠佳（但也不可强制用力），必须要做到技法准确，刺激经络作用明显，效果也就显著。发动经络，就是做人体经络系统、联络脏腑的按摩锻炼。

## 六、长久坚持，易学速效

十三字诀功法，运动十分简单，人人可学，不拘男女老幼，青少年、成人、中老年人都可学练。而且易学、易会，只要练法对头，合理掌握，持之以恒，很快会有立竿见影之效。

### 第四节　太极拳十三字诀行功歌诀

无极空自站，平步与肩宽；
双掌平提起，蹲下如松链。
托起仙人盘，卷指次递间；
推倒连环马，拨开门两扇。
拧臂敛双羽，伸展如扁担；
抱合擎天柱，按下腿不弯。
搽翻七星斗，正蹲插地间；
举剑戮天势，后探仰向天。

太极十三字，周复任循环；
酸热麻痒胀，经脉气腾然。
初练严到位，渐进节节连；
拳打卧牛地，双手荡归原。

## 第五节　太极拳十三字诀动作说明

### 一、预备势

**诀曰："无极空自站，平步与肩宽。"**

"无极空自站"，是指开始练功前，着眼在一个"空"字上。即什么事都不要去想，也不要乱动，空空荡荡地自然站在场地上（面向南、背向北）。"平步与肩宽"，是左脚向左平行开步，两脚相距与肩同宽（两脚平行）；同时，两臂自然下垂，两眼平视，脊柱中正，下颌微内收，舌尖抵上腭。自然下垂的中指，贴于裤子中缝，全身放松，平心静气，呼吸自然。如此三息，气沉丹田，预备完毕，准备练功，如图1-1、图1-1附图所示。

图1-1

图1-1附图

## 二、太极拳十三字诀

### 1. 蹲字诀

**诀曰:"双掌平提起,蹲下如松链。"**

(1)动作说明

①自然站立,体位不动;两手内旋,使手背向前(南),两手徐徐向前、向上提起,提到与肩齐平(手心向下)时,停住,此谓"双掌平提起";重点在一个"提"字上,要使手心劳宫穴有一种感觉,发动手部经脉。在提手时,把人体重心微向前移,两脚五趾抓地,把重心放在两脚的五趾上,使脚底涌泉穴空紧,发动足部经脉,如图1-2、图1-2附图所示。

图1-2　　　　　　　图1-2附图

②以上是过渡动作,继而两手微停。两脚平行站立不变,开始下蹲,两手平伸、平提不变,上身保持正直。两膝逐步弯曲,身体下沉,由站立(两膝微屈)做浅蹲、半蹲、深蹲而全蹲(股骨和胫骨向后折叠,腿后股二头肌部和小腿后腓肠肌部相抵触)。注意蹲下时,全身纵向骨节如链条相似,一节一节地松落,所谓"蹲下如松链",乃是一种"乾坤圈功夫"。上体仍保持正直,不要前俯或后仰。下蹲时,配合呼气,到全蹲完成,则呼气到位,如图1-3、图1-3附图所示。

图1-3　　　　　　　图1-3附图

（2）动作要点

①两手平提时,相距与肩同宽,全身放松不可用力。两手自然伸平、舒指。沉肩坠肘(肘微向内合,不要外开)。

②两手上提时,吸气(做腹式呼吸),到两手提平时吸气停止。两手逐渐上提时,注意掌心,有一种吸力,发动劳宫穴。两手绝不可用力,用力则手心无感应。

③下蹲时呼气,保持上体正直,不可佝偻,亦不可凸臀。臀部愈近脚跟愈佳。

④身体要放松,蹲下的程度视自身的能力而定,不要勉强。可以慢慢做到,如此膝关节韧带逐渐恢复弹性,关节内血液循环改善等。全蹲下时,增大腹腔内压力,发动相关经脉穴位。

⑤蹲下时,动作要放松缓慢,不可快。脚底平踏地面并微扣,脚跟不可拔起。两脚尽量保持平行,膝部微向内合,不要开裆。

## 2. 托字诀

**诀曰:"托起仙人盘。"**

(1)动作说明

①继前下蹲式,停住。两脚不动,两臂前伸不变,两手慢慢外旋,旋到手心向上,大拇指分向左、右两侧为止;两手手指自然舒张,不可凹屈,不可反翘,不要用力,如图1-4、图1-4附图所示。

图1-4　　　　　　　　图1-4附图

②在两手心旋向上时,手臂、上体均保持原势。两腿蹬劲,上体慢慢升起,脊柱保持中正,到两腿自然伸直时(微松,不可抵直),动作完成,是为"托起仙人盘"的托字诀。托字的关健在于手掌的外旋,使手掌(心包经)和小指内侧缘(心经)得到刺激。上托起立时,为吸气,如图1-5、图1-5附图所示。

图1-5　　　　　　　　图1-5附图

（2）动作要点

①两臂平伸,不可僵直,要微屈放松。

②掌心向上,升立时,手心要似托有一水银珠的感觉;同时,五指尖都有一种"动感"。

③站立时,必须中正安舒,下颌内收,不可凸臀和挺胸。

④在升托时,如果两手外旋过度,小指上翘,则小指侧缘拉紧,发动手少阴心经过度。如果两手平衡,不松不紧,则掌劲平衡而调和,平均发动。

### 3. 卷字诀

**诀曰:"卷指次递间。"**

**(1) 动作说明**

站立姿势保持不变。"卷指次递间",是指两手掌心向上,小指内屈,继而无名指内屈,次递中指内屈,食指内屈。如此,从小指依次到食指,卷屈到掌心(拇指随翻),两手以手腕为轴心,向里卷转到拳心向外时,两手成立掌(掌指向上,掌心向前,两拇指相对),舒指,虎口微松圆,立掌自然收回置于胸部两侧前方,是为卷字诀,如图1-6、图1-7所示。

图1-6

图1-6附图

图1-7

**（2）动作要点**

①手指向内（掌心）卷屈，依次是小指、无名指、中指和食指。卷指时各手指都要伸直，速度要慢，不要快，要体会指端的经脉反应。卷屈快时，则无此感觉。

②卷指时，两臂平伸圆屈（不要过分弯曲，亦不可伸直）；在卷屈转腕完成后，两手慢慢收回至胸前两侧。

### 4. 推字诀

**诀曰："推倒连环马。"**

**（1）动作说明**

站立姿势不变。继前卷字诀法，两掌立掌向前慢慢平推而出。两手与肘相距均与肩同宽，中指垂直地面，两中指相距亦与肩同宽，中指尖高度与肩同高；推掌时下颌微后收，全身放松不要用力，是为"推倒连环马"的推字诀，如图1-8、图1-8附图所示。

图1-8

图1-8附图

（2）动作要点

①两手立掌平推，掌背与前臂夹角约75°。掌心微凹，如吸一篮球状，即手心感觉有力向内拉着使球不会掉落。

②推出的手臂保持微屈。沉肩坠肘（两肘内合），不可伸直或太弯。

③推掌时两手的感觉，如各个指尖都有劲在触动，手心有时会发出热感。这些是发动手三阳、三阴经脉的感觉。

5. 拨字诀

**诀曰："拨开门两扇。"**

（1）动作说明

①站立姿势，腿和身体不变，继上式推字诀。两手前立掌，尽量陡立，腕部保持固定夹角，同时慢慢向内转（掌心向前）至两掌大拇指向下，余指尖相对时，停住，如图1-9、图1-9附图所示。

图1-9　　　　　　　　图1-9附图

②上动是过渡动作，微停，继而两手保持原状；同时，分别向两侧慢慢分拨，掰开到左右两侧，如同掰开两扇门似的。两臂如"弓背"，左右展开时，停住；此时大拇指仍向下，余指向前方（南）；两手阴侧感到特别胀、麻，手心发热。两手分拨时为呼气，是为"拨开门两扇"的拨字诀，如图1-10所示。

图1-10

（2）动作要点

①两手左右分拨时，掌指放松，舒指，不可用力，手臂不可伸直，亦不可太弯，保持微屈。

②两手分拨完成后，胸部不可挺出（凸胸），肩部不可露凸（两臂在两侧平屈如弓背相似）。

③拨字诀的经脉活动，麻、胀越强，刺激越大，内脏按摩愈强，反之若臂感不大，则刺激量小。

## 6. 拧字诀

**诀曰:"拧臂敛双羽。"**

（1）动作说明

①继上式拨字诀。腿与身体不变，两掌角度不变；两掌指向上转成立掌（掌心向左右，两掌背与前臂成90°角），两眼向前平视，不可左右顾盼，如图1-11所示。

②上动是过渡动作，不要停顿，继而以腕为轴，两掌掌指不要内屈，使手掌各转（外旋）一小圈，如图1-12所示（此时手指转向下）。过渡不停，掌心继续翻转向上（掌指尖分向左右方），是为拧字诀式，起到"拧臂"的作用。

图1-11

图1-12

❸继上动。两手（掌心向上）慢慢平托收回至肩内侧，体会一个敛字诀的滋味，掌指尖必须对向左右两肩侧方（掌心向上），手指不可屈，如图1-13所示。

图1-13

以上三动组成一个拧字诀，所谓"拧臂敛双羽"。拧者，转也。手臂、手掌感觉较为强烈，收回后放松。

（2）动作要点

❶两手掌拧转时，掌指不要弯曲，以手腕为轴。不要用力，要自然放松运转腕关节。

❷此拧字诀，主要发动手三阳和三阴经脉。拧转呼气，收回吸气。要专注发动之效果。

## 7. 伸字诀

**诀曰:"伸展如扁担。"**

**(1) 动作说明**

继上式拧字诀。两腿自然站立,身体基本不变,两眼向前平视;以两手中指为导点,即意念在两手的中指尖,似有一根系着的线,向左右两侧拉拽,两手平托平伸(手心向上,两臂齐平),两手臂"伸展如扁担"似的,着眼在"伸"和"展"两字的感觉上;伸展时为呼气,是为正立伸字式,如图1-14所示。

图1-14

**(2) 动作要点**

①伸臂不可僵直,掌心要向上,放松。

②伸臂有两种感觉:一是两手伸向左右方,手臂微屈到位时的微胀感觉。二是两手极力伸展时,两臂有拉伸感,两手臂不可伸直,在臂屈的情况下伸展左右两肩部,有不同程度的刺激作用。

### 8. 抱字诀

**诀曰："抱合擎天柱。"**

**（1）动作说明**

继上式伸字诀。腿与身体基本不变，两手手心向前内旋90°（使大拇指向上，掌心向前），虎口撑圆微松，全掌放松，两臂左右平展，脊柱中正，两眼平视前方。当两掌转定时，两臂圆屈，两手向前慢慢做相对合抱。当两手相对合抱相距与肩同宽时（两手两臂高度与胸同高，大拇指向上），两手向内弯曲（腕部不动，手掌内扣）到两中指相对、相抵，继而两臂内屈，两手向内回抱至胸前约20厘米处，停住。眼随手动。此诀重点是在"合"字和"抱"字上，恰如两手臂"抱合擎天柱"似的。要在合抱时，掌指和手心有一种吸力和热感。在两手从左右向前、向内（中）合抱时，吸气，是为抱字诀，如图1-15~图1-17所示。

图1-15

图1-16

图1-17

### （2）动作要点

①两手合抱时，两臂曲屈，不可伸直。

②两手合抱时，意想两掌心有一种吸力，也可有发热感（即劳宫穴有热的刺激）。

③两手相合时，上体微向后移动，与两手做抱的平衡。而在两手回抱时，上身回移原处，安舒中正。

### 9. 按字诀

**诀曰**："按下腿不弯。"

#### （1）动作说明

①继上式抱字诀。腿、身体不变，两掌保持中指相抵，两手同时内旋90°，两中指正直相对，掌心向下（手掌心与地面平行），大拇指向内，虎口撑圆，眼视两手，如图1-18、图1-18附图所示。

图1-18　　　　　　图1-18附图

②继而两掌向下按,两腿挺直不要弯曲;弯腰下按,越低越佳,但亦不必勉强下按,两腿挺直,两膝发胀即可,即委中穴感到胀麻,两掌手心发胀,两臂紧胀,即到火候,体会"按下腿不弯"的滋味。是为直腿弯腰下按式,如图1-19所示。

图1-19

（2）动作要点

①两掌下按时,中指相对,掌心向下与地面平行。按下的两臂圆屈,不可伸直。

②两掌按下时,两眼注视两手,头部微向上昂,轻轻保持正项,不可低头,令脑部发胀。注意:心血管患者和高血压等患者,不可下按过猛、过低,轻轻点到,略有感觉即可。

③下按是以发动足太阳膀胱经（有关各俞穴）和督脉为主,同时发动了背部诸经络。

## 10. 撩字诀

**诀曰："撩翻七星斗。"**

（1）动作说明

继上式按字诀。直腿、弯腰下按式，体势不变。两掌掌心向下，水平向外转90°，使手指向前，大拇指向内，掌心向地面。继而手腕伸直（手心向后，掌指向下），两手臂与肩同宽，手掌向后、向上（掌心向上）反撩。手臂微屈，向后摆动60°角；两臂左右上撩，伸的角度不要太大，肩腋下有紧张感即到位。似有撩翻物件之感，是为"撩翻七星斗"的撩字诀，如图1-20、图1-21所示。

图1-20

图1-20附图

图1-21

图1-21附图

### （2）动作要点

①两手后撩时，手臂不要外张，要与肩同宽，腿不要弯曲。以刺激手三阴经脉和足膀胱经脉等。

②撩臂不要太高，特别对于心血管和高血压等患者，一般做到即可。头部不可向前、向下、弯伸太过，要向上微抬。

### 11. 插字诀

**诀曰："正蹲插地间。"**

（1）动作说明

①继上式撩字诀。继而上身直起，自然正立，两肘上提，两手抚摩腰背的两肾部，轻摩，不必用力。两手继续顺摩至两腰侧，手心贴着髋骨外侧（裤侧中缝线），如图1-22、图1-22附图所示。

图1-22　　　　　　　图1-22附图

②继上动。徐徐屈膝下蹲，上身保持中正，在慢慢下蹲的同时，两手指尖向下，随着蹲势垂直向下直插到地面（中指抵触地面）做到全蹲，是为"正蹲插地间"的插字诀。此功下蹲时胸腹腔内压力增大，作用于带脉和其他相应经脉穴位，如图1-23、图1-23附图所示。

图1-23

图1-23附图

（2）动作要点

①做插字诀，身体正立下蹲时，全身要放松。

②屈膝下蹲要缓慢，不可快速。下蹲时，上体要正直微向前，保持平衡。蹲下时，不可撅臀（凸臀）挺胸，后脚跟不可离地。脚底要放松踏实地面。

③做插字诀时，两手中指要触及地面。下蹲下插是呼气。

## 12. 举字诀

**诀曰:** "举剑戳天势。"

（1）动作说明

继上式插字诀的下蹲式。慢慢起立，两脚原地不动；在慢慢起立的同时，两手方向不变，屈肘上提（两手掌心始终相对）；在两掌对称提到两腋前时，掌指向上转，使大拇指向后；不停，仍慢慢上举，两手中指有如绳牵上拽的感觉，使两掌极力上举（大拇指向后），两掌心相对。在两掌极力上举的同时，两脚跟跪起（提踵），用两脚趾点地，极力上挺。在练到一定功力时，两脚尖点地，其力点落在两个大脚趾端部，两手掌指如剑尖刺向天空，达到上举的目的，是为"举剑戳天势"的举字诀，如图1-24、图1-25所示。

图1-24

图1-25

图1-25附图

## （2）动作要点

①两掌（掌心相对）上举时，踮脚提踵。要极力拉伸所有关节，是递次伸展，如一盘"盘香"那样，从中间小圈子提起来，也就是由两中指指节，把周身骨节，节节贯串地上提一样。

②提踵踮脚、手上举时，身体不可后仰，不可前俯，不可低头。两眼不向上望而是向前平视。

③两掌上举时，要达到两手掌指和两脚大脚趾有较强受力感。

### 13. 探字诀

**诀曰："后探仰向天。"**

#### （1）动作说明

继上式举字诀。身体保持不变，脚跟落地、踏实，仍做两手上举式，继而两掌内旋，使掌心向前，大拇指相对；两脚五趾抓紧地面（令涌泉穴空紧），重心稍落在脚跟；上体慢慢向后仰，面向斜前上方，两臂随仰身势向后仰探。后探时，两臂宽度与肩同宽，两手平举，不可过大。上体向后仰角不要太大，以能感到前后平衡即可，此为"后探仰向天"的探字诀，如图1-26、图1-27所示。

图1-26

图1-27

图1-27附图

## （2）动作要点

①上体向后仰探，不要太过；特别是老人和有心血管、高血压等患者，微仰探即可，以免失去重心而摔倒与损伤，要特别注意。

②后探的两掌不可转动，两臂开度与肩同宽。头部不要过度上仰，亦不可左右转动。

③仰探时，腹部微挺以感胸腹中部有拉拽感。发动"任脉"。

④向后仰探时，两脚五趾一定要抓地。

## 三、收势

**诀曰：**"初练严到位，渐进节节连；拳打卧牛地，双手落归原。"

预备势"提"手不列字诀，是从"蹲"字诀开始，做一次"蹲、托、卷、推、拨、拧、伸、抱、按、撩、插、举、探"的十三个字诀（功）的循环。继而连续操练，不必放手停下，而是两手平伸（掌心向下），从"双手平提起"开始，重复循环演练，如图1-28、图1-28附图所示。至于要练几组循环，则视练者的体能需要，一般初练者先做3组，可以增大运动量和按摩刺激强度，配合呼吸。增加练5组，以

图1-28

图1-28附图

后8组、10组、12组乃至若干组。正是歌诀曰："太极十三字，周复任循环。"总要感觉自然舒畅，手感明显，体觉发热和微汗为佳。诀曰："酸热麻痒胀，经脉气腾然。"但一定要注意"初练严到位"，就是在初练的较长时间内，一定要严格、准确、到位，要慢，不可快，感受慢的功力之所在。

以后功力进步，进入高层次后，则采用"渐进节节连"的练功方法。是指在十分准确熟练后，要把动作慢慢地连贯起来，如太极拳的节节贯串，绵绵不断的练法。使动静有致，气机鼓荡而不错乱，以真正达到太极拳的柔韧功法。但必须严格动作，刚柔相济，才能体会"太极拳的十三字诀法"之内涵。

"拳打卧牛地，双手落归原"。十三字诀法的动作幅度范围小，站位有2平方米面积足矣，所谓"拳打卧牛之地"即已够用。练到一定运动量后，如欲收势，则在十三字最后探字诀后，两手（手心向前）徐徐向前、向下平落，渐次两手自然放松下垂、收势归原站定，如图1-29、图1-30所示。

图1-29

图1-30

# 第二章 易筋六合功

## 第一节 易筋六合功功法源流概述

"易筋六合功"简称"六合功",原为六式,数年前我增加了一式,总体是七式。是一门强筋骨益脏腑的功夫,所谓:"内练精、气、神,外练筋、骨、皮",是练武的"内功"筑基功夫。

1946年初夏,我在安徽芜湖拜沙国政先生为师,初学形意拳等。时任中央国术馆编审处处长姜容樵师爷从南京来到芜湖,主持"中央国术馆芜湖分馆成立大会",住爱徒沙书谟(字国政)先生之二弟国良师叔处的"泰来米号",我们常去求教。在一个多月的日子里,姜老亲传了我"易筋六合功""童子功"和"太师水磨鞭""青萍剑"等。我当时是在校学生,非常珍贵所学而慎秘。当时刻苦练功,每天早上或黎明,就跑到我家附近范罗山南麓一个空旷无人的篮球场上偷偷地练"易筋功"和"童子功"两项,历时逾一小时。如此一个月下来,功力大进,深感肌腱爆胀,精力充沛,浑身是劲,经过一段时间的练习,身体强壮了许多。以前只是自练,从不示人,更不传人,想来已七十余年矣。

"易筋六合功"的六式加一式是:"下握式、前握式、开握式、角握式、上握式、内握式"。另增一式为"按浮式",共为七式。我自体会,前六式着重在武功,劲练时过于霸道,要结合其他拳术功夫调节。因此所加"按浮式",主要是发动任、督二脉和背部的膀胱经脉,令其和谐调节。

《经络学说》是祖国中医学基础理论的重要组成部分。《灵枢·经络篇》指出:"经络者,所以决生死,除百病,调虚实,不可不通。"这里指出的关键一个"通"字,所以人体气脉通顺,至为重要。

在"易筋六合功"的数十年实践中，我体会到它对人体四肢的梢段（节）感应比较强烈。也就是说，最活跃的部位是四肢的手、足三阴、三阳经的有关穴位。我体会这些有关穴位，正是直接于五腧穴段。五腧穴是十二经穴中最具有特殊治疗作用的穴位，它们在四肢的肘、膝部以下（向端梢部），是常用穴，为古今医家所重视。在临床上如井穴可用于治疗神志昏迷，荥穴可用于治疗热病，输穴可用于治疗关节疼痛，经穴可用于治疗喘咳等。

《灵枢·九针十二原》中指出："所出为井，所溜为荥，所注为输，所行为经，所入为合。"为其治疗之法则。五腧穴配属五行（金、水、木、火、土，亦称五行穴）。即手、足三阴、三阳经的五腧穴，都有五行的配属。我们练十三字功和易筋六合功，就是较简单、直接对四肢各经的五腧穴做有序的紧、弛刺激，触动这些穴位，使它们活跃起来，并可调节其激发的强度，起到治"未病"和保健的作用。

## 第二节　易筋六合功功法特点

### 一、动作简约，随处可练

易筋六合功易学、易记，不限场地，只要空气新鲜之地均可练功，雨天室内窗下即可，所谓"拳打卧牛之地"。

### 二、强激经络，重在五腧

练六合功时，是通过发动自身内在的经络系统，它重点是手三阳、三阴经脉和足三阳、三阴经络脉的五腧穴，刺激强度较大。练习时，攥拳和踮脚的松紧不同，对身体的按摩和刺激的强度也不同。坚持练习对手足

筋腱的锻炼效果也甚为明显。

## 三、内外兼修，强益机体

练功时，要求呼吸自然，不必拘谨。由于踮脚和攥拳，使手、足经脉起到一紧一弛的作用，使四肢外部受到刺激，内脏得到调和。动作在外表上看起来极为简单，但都能使其内练的精、气、神和外练的筋、骨、皮得到应有的刺激。

## 四、定数运动，七数一级

易筋六合功，实为六式加上一式，共为七式，简称"六合功"，七式各有顺序，即下握式→前握式→开握式→角握式→上握式→内握式→按浮式。每式各做同样次数，如7、14、21、28、35、42、49次。初做7次，继做14、21次等，最多做49次。具体要根据体质情况逐渐增练为佳。亦可按需而做，直至气血通畅，手足微汗渗出即可。一天可早、晚各做一组或多次循环，自然有得。

## 五、攥拳踮脚，配合一致

"六合功"操练时，前五式（下握式、前握式、开握式、角握式、上握式）攥拳和踮脚（力点在脚趾）要同时劲脆，松拳落踵要自然。第六式内握式要放松自然，唯拇指内握攥拳要用力。第七式按浮式，提手吸气到丹田，上体放松。按掌踮脚动作要缓，动作准确和呼吸气要协调到位。两手上托时为吸气（至丹田），两手掌下按时呼气、弓背、踮脚为一次。练时要心静安舒，轻松自然、心情愉快，用力适当为佳。

## 第三节　易筋六合功行动要领

### 一、平行站立，自然舒畅

两脚平行站立，相距与肩同宽，两腿自然站立，不可弯曲，亦不可挺劲过直，唯以松弛自然为要。

### 二、身正脊正，起落协调

操练时体型要准，脊柱要中正，是指人体脊柱的相对正直，必须要做到：上要虚领正直，下颌微向后收，使颈椎直竖，但头顶不可用力上顶。脊柱中部要含胸拔背，不可驼背，亦不可挺胸，意在中正为要。中正的关键是百会穴、丹田穴和会阴三穴在一条垂直线上，方为正直。这样做起来，方为协调。

### 三、动作准确，呼吸自然

在运作中，上下起落动作要准确，呼吸要自然协调。呼吸是用腹式（丹田）呼吸，否则，行功时会带来许多弊端。如果初练呼吸不习惯时，则不必强调呼吸的配合，久练自然协调。

### 四、手型手法，严格规律

手型是自然正握拳，松拳是自然松弛，手指不必伸展作掌势。握拳时要攥紧。请注意一般紧拳是健身，尽力攥拳则为练劲，可练成武功。拳眼方向朝向要严格，不可随意变更。

## 五、感觉肢体，发动经络

操练"六合功"时，必须感到手、足的三阴、三阳经脉都有规律地受到刺激，特别是手足梢部的五腧穴；这些刺激，都能使机体经脉产生明显效应。如果没有刺激的感觉和反应，则健身效果不佳，必须要做到技法准确，刺激经络作用明显，效果方才显著。

## 六、长久坚持，简约速效

易筋六合功运动简单，人人可学，不拘男女老幼，青少年、成人、中老年人都可学练。而且易学易会，只要练法对头，轻、劲合理掌握，持之以恒，很快会立竿见影。

### 第四节　易筋六合功行功歌诀

易筋六合功，轻健劲武功，
六式古传用，加一调济通。
初练七数取，久行四十九，
攥拳踮脚起，落下紧后松。
初练要准确，脏腑气通然，
激发五行穴，井荥输经合。
内练精气神，外练筋骨皮。
脊正通经络，武功在里边。
一握拳下垂，二握平伸前，
三握平开举，四臂角式悬。
五上伸举式，六下拇指拳，
浮按加一式，玄妙内中间。

## 第五节　易筋六合功动作说明

易筋六合功行功时，每做"一组合动作"为练功数记，即"默数、攥拳、跐脚、向上引体；松拳平脚踏地"动作为一数（次），其练功强度以七的倍数多少为功。初练 7 数，继而每动练14数、21数、28数、35数、42数递增，最多练49数。此时练功已达一定的功力，若能持之以恒，经久坚持，定当获益匪浅。注意，"攥拳的松紧和跐脚的高低"与练功受益程度成正比。

### 一、预备势

自然站立，两脚平行，开度同肩宽，两手自然下垂于两腿侧，头正项竖（虚虚领起，不可用力），下颌微向后收，两肩放松（沉肩），口自然闭合，呼吸以鼻，舌抵上腭，两眼平视正前方，胸部不可挺起，含胸拔背，吸胯，脊柱中正，平心静气，呼吸自然，如图2-1所示。

图2-1

## 二、易筋六合功操法

### 1. 下握式

**（1）动作说明**

①两臂自然下垂，两手松空握拳，拳眼向正前方。

②口中数数，攥拳，跐脚（提踵），向上引体；松拳平脚踏地，动作为一次（数）。

练功数数时，人体重心移向前脚掌，两脚跟（踵）提起，身体向上引起，力点在脚趾；两拳同时攥紧，两腿挺直不屈，上体保持不变。在提踵、引身、攥拳的同时，口数数字。数毕，两拳松空，两脚落地平踏地面。

③继续数数1、2、3、4、5、6、7……仍旧做上述的提踵、引身、攥拳诸动作，落下。如此继续数、操练，如图2-2、图2-2附图所示。

图2-2

图2-2附图

（2）要点

①拳眼向正前方。

②手脚动作要协调。踮脚时，力点在脚趾部，落下时踏实地面。

③呼吸自然，不勉强，不憋气。

④要含胸实腹，不可挺胸凹腹，脊柱相对中正。

2. 前握式

（1）动作说明

①继上式。两臂向前平伸，两手松空握拳，拳眼向上方。

②口中默数，攥拳，踮脚，向上引体；松拳、平脚踏地动作和次数与第一式相同，如图2-3、图2-3附图所示。

（2）要点

拳眼向上。两臂微屈，不可僵硬和伸直，其余与第一式相同。

图2-3　　　　　　　图2-3附图

### 3. 开握式

**（1）动作说明**

①继上式。两臂向左右平伸，人体与两臂成"十字"形。两臂微屈，不可僵硬和伸直，两手松空握拳，拳眼向上方。

② 口中默数，攥拳，踮脚，向上引体；松拳、平脚踏地等动作和次数与第一式相同，如图2-4、图2-4附图所示。

图2-4　　　　　　　　图2-4附图

**（2）要点**

拳眼向上。两臂微屈，不可僵硬和伸直，其余与第一式相同。

### 4. 角握式

（1）动作说明

①继上式。两臂向左、右平伸，两臂弯曲成90°角，拳眼向后，两臂要自然，前臂与地面垂直。

②口中默数，攥拳，跐脚，向上引体；松拳、平脚踏地等动作和次数与第一式相同，如图2-5、图2-5附图所示。

图2-5　　　　　　　　　　图2-5附图

（2）要点

拳眼向后，其余与第一式相同。

## 5. 上握式

（1）动作说明

①继上式。两臂与肩同宽上举，不可伸直和僵硬，拳眼向后；两手松空握拳。

② 口中默数，攥拳，踮脚，向上引体；松拳、平脚踏地等动作和次数与第一式相同，如图2-6、图2-6附图所示。

图2-6　　　　　　图2-6附图

（2）要点

①拳眼向后，其余与第一式相同。

②在攥拳上握时，两拳有意向上伸长拔举，这样使所有手三阴经和足三阴都有规律地上举拔伸，则效果更佳。

6. 内握式

（1）动作说明

①继上式。两臂轻轻慢慢放下，不可快速放下，自然下垂。两臂微屈，不可僵硬和伸直，拳眼向前方，大拇指置于掌心，其余四指轻握大拇指。

②口中默数，攥拳、松拳与前相同，但不踮脚和不向上引体。两腿可以放松踏步，尽数而止，如图2-7所示。

图2-7

（2）要点

拳眼向正前方。特别提醒：上举手臂放下做内握式时，一定要轻慢放下，不可放松快速放下。

## 7. 按浮式

### （1）动作说明

①继前式。两脚平行自然站立，开度同肩宽，两脚不动，两手自然下垂于两腿侧，准备行功。口自然闭合，舌抵上腭，下颌后收，上身微向前倾，开始慢慢吸气（呼吸以鼻），如图2-8所示。

②在吸气的同时，两手外旋使掌心向上，掌指相对，随着缓缓深长吸气，两手慢慢从小腹前向上提托至胸乳部停住，同时闭住吸气，如图2-9、图2-10所示。

图2-8

图2-9

图2-10

③继而两掌原处内旋翻为掌心向下,随即缓慢吐气,在缓慢吐气的同时,弓腰拔背,两掌(掌心向下)向下按压,在弓腰下按的同时,两脚跟(踵)拔起,前脚掌着地,如图2-11~图2-12所示。如此"呼吸提按提踵"为一个组合动作,即一个记数单位。

④如上组合动作口中默数1~7数,如前递加,最多49数。

图2-11　　　　　　　　　　图2-11附图

图2-12　　　　　　　　　　图2-12附图

（2）要点

①两手上提时，吸气，用腹式呼吸至丹田。

②两手下按时，呼气。下按时要弓背，把脊柱腰背挺起。

③踮脚时，腿不可弯曲。

④此动作的作用主要是发动背部的督脉和膀胱经脉，调整诸脏腑潜能。

⑤按浮到位时，要注意身体的平衡。

## 三、收势

练功完毕，全身放松，自由活动，如图2-13所示。

图2-13

# 编后语

自20世纪90年代始，我先后在国内外传授"太极拳十三字诀功"和"易筋六合功"两种功法，受益者众多，反映极好，这是我最感欣慰的。这两种功法出版后，想必会有更多学者知情，效益会更广。从发扬中华传统国术对全民健身作用来说，还有许多简明而速效的健身项目，且是我所亲身实践而受益的。

早在1946年，姜容樵先生就传我一套"童子功"功法。我自练数十年，也曾传授多人，但皆未作全璧，也都取得了一定的功效。其最大特点是从上练到下，从小动作练到大动作，从外练到内，从易练到难，浑身全部练到，非常完备的一套健身强体功法，拟陆续整理出版。

还有其他如"八卦九宫式""乾坤圈""五子连环功""形意五行功""八卦练步功"等功法，都是约繁就简、易学易练、功效特佳的健身功法，我非常珍惜它们。为发挥中华传统健身之功效，为全民健身做贡献，也都拟相继介绍传出，因以记。

微信公众号：《张修林武学园地》。

信箱："zxlwxyjh@163.com"。

张修林

2018年10月

九江天花井茂林修竹别墅

图书在版编目（CIP）数据

太极拳十三字诀、易筋六合功：中华传统武术健身功法集 / 张修林，张栩著. —北京：人民体育出版社，2019（2021.1.重印）

ISBN 978-7-5009-5557-3

Ⅰ.①太… Ⅱ.①张… ②张… Ⅲ.①太极拳—基本知识 ②气功—健身运动—基本知识 Ⅳ.①G852.11 ②R214

中国版本图书馆CIP数据核字（2019）第072595号

\*

人民体育出版社出版发行
北京中科印刷有限公司印刷
新 华 书 店 经 销

\*

889×1194　16开本　4.25印张　53千字
2019年9月第1版　2021年1月第2次印刷
印数：5,001—7,000册

\*

ISBN 978-7-5009-5557-3
定价：35.00元

社址：北京市东城区体育馆路8号（天坛公园东门）
电话：67151482（发行部）　　邮编：100061
传真：67151483　　　　　　　邮购：67118491
网址：www.sportspublish.cn
（购买本社图书，如遇有缺损页可与邮购部联系）